돌아가는 길

시하늘시인선
01

돌아가는 길

박창기 시집

그루

시인의 말

살아오면서 숫자 7에 자주 엮이게 되네.
2014년에 『따뜻한 흉터』를 내고
7년 만에 어렵게 『돌아가는 길』를 내게 된다.

시를 빌려 나를 고백하다니 어디 가당찮기는 한가
시는 구원의 언어라고 내 입으로 떠들었는데
스스로를 구원하지 못하고
나는 오늘도 아프다.

돌아갈 길이 아득하고 부끄러워
하늘 아래서 머뭇거린다.

한 가닥 빛으로 행운의 손길을 내밀어주실
빛이신 그분을 그리며

2021년 1월, 청도 대곡 가우헌에서
가우 박창기

차
례

2부 돌아가는 길

3부 바람은 거처가 없다

4부 푸르른 정신

1부
추억 의식

경정에서

바다는 그 바단데
나만
어제보다
조금 더 늙은 나그네네
내일은
오늘보다
더 늙은 나그네가
오늘보다
더 늙은 바다를
바랑으로 짊어질 수 있을는지
바다는 오늘도
젊은 소리만 내지른다

그리워하며 사랑할 수 있는 내가 부럽다

그리워한다는 건
너에게로 가는 길을 만드는 것이다

그러면서
그렇게 할 수 있다는 게
기적이고 참 고마운 일이란 걸 깨닫는다

들길을 걷다
발아래 보이는 봄소식들을 접하다 보면
또 감사하게 된다
영혼의 이웃들이 나를 이 길로 오게 했구나

내가 그리워한 것들에 빚진 일이 많다
막무가내로 그리 한 것이지만
빚진 자의 마음이 이리도 가벼웁다니
숨 쉴 수 있음에 감사하고
살아 있음에 감사한다

그리워하며 사랑할 수 있는 내가 부럽다

낮달 3

맑은 날
새벽
먼 길 가시기 전
어머니
하늘 강가에서
정화수井華水
뜨신다
끝내 놓지 못하는
그리움이다

너

나는 지금도 너를 보고 있다
오래 보고 있었다
어제도 보았고 내일도 그러할 것이다
사랑하게 될 이유를 만들고 있다
네 모습이 달라져도 늘 그렇게 할 것이다
그것만이 세상에서 내가 할 수 있는
마지막 유언 같은 행위이기 때문이다
나는 이 짓거리에 대해 후회하지 않으려 한다
너도 그렇게 해 봐
즐거워야 할 수 있고 살맛이 날 테니
늘 보고 산다는 건
얼마나 신나는 일이냐

눈 온 날 저녁

이웃 일 도우러 갔던 아내가 무서울까 봐
늦게 오는 가로등 불빛 대신 밤길 마중 나간다

오늘은 예정에 없던 과메기를 깐 덕으로
반주 안주로 안성맞춤이라 여겼는데
촉촉한 꼬리 부분을 잘 먹는다

미용에 좋다고 건강에 좋다고 그리 꼬셨건만
꼬들한 꼬리 부분 외엔 거들떠보지도 않았는데
쌈 싸서 잘 먹는다

허락된 소주 두 잔으로 잉여 과메기를 처리하기엔
그렇고 해서 눈치를 본다
따뜻한 눈빛을 얹어 바라보면 혹여 보시라도 있을까
기대해 보는 것이다

이따금 배려를 받는 날은
불콰한 술맛이 두 배로 늘어난다

아내의 대단한 선심에 나는 그만 흐뭇해서
'나 무엇이 될꼬 허니'라는 시적 풍류로 응답한다

나를 건강하게 오래 살게 하려고 애쓰는 아내의 관심
이승에서 살아 있는 동안만이라도
더 열심히 사랑해야겠다는 마음을 굳힌다
바깥은 하얀 천지, 거실은 따뜻한 관심 천지

다시 나의 바다에서

나의 바다는 언제나 끌림으로 가득했다
좋아하는 바다가 밀어낼 리는 없다고 생각했다
그러나, 그러나, 세월은
더러 발걸음을 무디게 만들었고
어릴 때는 아무것도 걸치지 않고
원시로 여기서만 살아도 되겠다 그랬었는데
미련만 가득 차서
이따금 하나씩 끄집어내어 본다
지나간 내 그림에는
아련한 것들만이 글썽이게 하고
모래 위에 남기는 발자국엔
읽을 수 없는 글씨만 분분하다
어쩌면 저 바다를 잊어 가고 있었는지도 모른다
그리움에 대한 망각이 자칫 생의 마감처럼 온다면
나는 견딜 수 있는 중심에서 벗어나는 것이어서
모든 비난을 무릅쓰고라도 여기 동해로 가끔 달려온다
그리움의 구심점이 되는 여러 곳을 그냥 둘러보는 것이다

나의 눈과 뇌리는 과거를 회상하고 현재를 지우는 것으로
오늘의 나를 확인하는 것이다
나의 이런 순간들은 끝없이 이어질 것이다

~다(라)더라 타령

누군가가 생은 두루마리 휴지 같다더라
주어진 생이라고 마구 풀어 쓰고 버린다더라
약속된 삶이 아니라서 멋대로 쓴다더라
살다 보니 느낀 거지만 대부분은
자신이 살아 본 삶에 대해 대체로 후회하고 반성한다더라
나를 지배하는 존재를 모를 때라 그럴 수 있겠다 싶더라
늦게나마 알았더라도 조신하게 제대로 살기는 힘들다더라
어떤 한계에 부대끼는 존재였기에
늘 부족하고 미진하고 그래서 화딱지가 난다더라
그거 별거 아니라더라, 욕심을 버리지 못해서 그렇다는데
버려 보면 안 버려지고 못 버려지는 게 욕심이라더라
죽을 때까지 그거 제대로 못해서 낭패 당한 적이 어디 한두 번이겠는가
나옹 선사도 멋진 시로 세상을 향해 훈계했는데
시는 엄청 좋아하는데 삶은 영 아니라더라

'나는 자연인이다'에 나오는 이들이 오히려
비움에 더 가까이 가 있다는 걸 알게 되었지
돈도 사랑도 미움도 모두 벼랑인 걸 느낀 터라 그랬겠지만
짠하다는 생각을 지울 수가 없네
여기에 이르면 '너 자신을 사랑하라, 이웃을 사랑하라'는
대명제에 그만 고개가 꺾이네
내가 그리 살아 봤으니 무슨 말을 어찌하겠나
나는 지금 부끄러움의 바다에서 허우적이고 있네

다시 사랑 앞에서는

나의 빈틈에 너를 채울 때마다
봄은 속절없이 늙어 갔다
아무 계절이나 다 기다려지진 않는다
봄은 한껏 부풀게 해 놓고 저 먼저 지친다
그러니 너를 사랑할 일이
자꾸 빼앗기는 기분인 걸 어쩌지 못한다
올해 못했으니 또 내년을 기다려야 하나
사랑이란 놈, 까마득하기만 하고
나는 씨름에서처럼 샅바 싸움 중이다
그대 쪽으로 기울면
이 사랑도 끝일 텐데

사랑

너무 말이 없어 조용한 게 아니라
너무 조용해서 할 말을 잊은 건지도
둘만 사는 집에서
이따금 살아 있는지 확인하러 오는 아내
먹을 걸 꼭 가지고 온다
같이 먹자고 말을 건다
그제서야 나도 입속 냄새를 날린다
이러니 하루 몇 마디 하겠나
볼일은 봐야 하니
그때마다 잘 있는지 나도 확인한다
그럴 때 목덜미에 뽀뽀하면 좋아한다
잘 때도 손잡고 잔다
우린 아직 애틋한 거 맞지

바다 2

너의 푸르디푸른 마음을 늘 가까이하고 산 적이 있지
종일 노닐다 지치면 모래펄에서 파래처럼 눕기도 했고,
잠시라도 떨어지는 것이 그냥 싫었지
네 마음을 사로잡았다 싶을 때는 마냥 물개 같았지
아무것도 모르는 천진스럽기만 한 아이처럼
바다 같은 넓은 마음으로만 세상을 보려고 했지
너를 찾아오는 연인들의 발걸음은 언제나 아름다웠고,
그들의 뒷모습은 상상할 수 없을 만큼 우아했지
내가 네 마음을 열 수 없었듯이
나도 무척이나 비밀스럽게 마음을 꼭꼭 숨기고 있었지
그게 진정한 행복이었는지 지금도 궁금해
나는 그 수수께끼를 풀지 못한 채 네 곁을 떠났고,
뭍에서는 물에서처럼 자유롭지 못했어
헤아릴 수 없는 상처로 만신창이가 되어서야
겨우 마음의 눈을 떴는데 모든 게 사라진 뒤였지
다시는 돌아갈 수 없는 상처투성이여서 그런지
까닭 없이 동해로 달려가곤 하지
네가 나를 부르는 들리지 않는 함성이었는지도 몰라

회 한 점이 그립고, 미역 한 줄이 그립고
각이 없는 세상과의 조우가 몹시 그리운 거야
파랑을 닮고 싶은 나의 열정은 아직 식지 않았어
그리운 기척 같은 버릇이었지.

바람의 군무를 보며

벼 이삭을 건드리고 나온 바람의 손에
이른 봄에 본 벼 낟알의 숨소리가 얹혀 있다
사람의 입속으로 들어갈 생명의 끈을
줄기차게 키우고 있을 뿌리들과
햇볕의 즐거운 운동이 말하지 않는가
꿈은 아무리 허술해도 버릴 게 없다
봄부터 길게 갈 것을 아는 침묵이야말로
마침내 되돌아올 것을 믿는 희망 때문이다
아무도 벼 낟알에게 변하라고 재촉한 적이 없다
갈 데까지 가야 함을 알기에
가고 있는 지혜를 엿보는 것이다
그 지혜를 엿보러 수없이 이랑을 들락거렸을 바람
바람의 손길 없이 큰 벼 이삭은 하나도 없다
물, 흙, 햇볕도 고맙지만 바람의 덕이 더 크다
오늘도 나는 창밖으로 본다
벼들이 바람과 노는 모습을
집단 군무의 아름다움에 빠져 시간을 잊는다
그런데 벌써 벼 이삭이 패고 가을이 저기 보인다

늘 살아 있다는 것이 시간의 나침판임을 보게 된

아내 손끝

김치
이 땅에 사는 조선인이라면 다 알지, 그게 뭔지
배추, 무, 고추, 마늘, 소금, 젓갈
어느 것 하나 조화롭지 않으면 맛이 없다고 하지,
그런데 이 땅에 사는 조선인이라면 다 알지,
그 맛의 결정체가 뭔지
식구들 위해 한순간도 놀아 본 적 없는
거룩한 움직임의 손끝

잘 길러야 하는 일도
잘 절여야 하는 일도
잘 비벼야 하는 일도
거룩한 움직임으로 하는 일이라
한순간 집중하지 않은 때가 없었지
모르긴 해도 맛있는 김치 만들어 내느라
마음으로 드린 기도가 얼마나 지극정성이었을까
감사하다는 말은 또 얼마나 되뇌었을까
식구들 생명 살리는 일인데

자기 손끝에 하느님 손끝 빌려 오지 않았겠나

김장 농사 끝나면 아린 손끝도 아랑곳없다
거룩하게 썼으니
감사할 일뿐이니

시간을 만지다

머물러 있는 것만이 기쁨은 아니다
사람은 누구나 갈 데가 있어 길을 떠난다
길 위에서는 느닷없이 일을 만난다
일을 만나면 대개는 상처로 끝난다
상처를 다독이다 시간이 저물면
시간의 손을 놓는 게 사람이다
그것에서 벗어나 본 사람은 아무도 없다
이 환절기에 그랬다는 소식 자주 듣는다
길을 떠나는 것은 때로는
일을 찾는 거라고 더러 생각했다
이즘 그 일 찾으러 시간을 자꾸 만진다
아내는 그게 못마땅한지 자꾸 딴지 건다
시간을 그냥 두면 안타까우니까
나를 찾을 기회를 잃어버릴 것 같으니까
낚시를 놓듯 자꾸 던져 보는 것이다
이러는 게 나를 사랑하는 법이라 여긴다

어둠

하루가 명쾌하게 흘렀는데도 그는 절뚝거리며 왔다
부축하지 않았는데도 어김없이 왔다
피로한 내색을 보이지 않았다
아무 말 없이 스며들었다
불을 밝혔는데도 가장자리에 가만히 있었다
불을 끄면 스스로 묻혔다
밤새 한 번도 뒤척이지 않았다
소변보러 가는 나를 물끄러미 바라보고 있었다
아니 밤새 나를 덮고 있다가 가만히 풀어 준 것일 게다
나는 다시 그와 잠자리에 들었다
새벽 운동 가라고 차임벨 소리가 나자
또다시 놓아주었다
팔조령을 넘으면 저 멀리 가고 없다
오랜 시간 같이 있을 때는 몰랐는데
그립다, 몹시 그립다

유년의 강

내 유년의 강은 늘 기름진 형산강 지류였다
붕어, 메기, 뱀장어, 미꾸라지, 각종 피라미가 놀았던
이따금 바닷물고기가 숨어드는 천혜의 놀이터였다
갈대 뿌리를 흔들던 장어의 힘이 바람까지 흔들던 고요의 샛강
봄여름 가을과 겨울이 수평선처럼 구분되던 개구쟁이들의 놀이터
한때는 기름이 난다고 산유국의 꿈에 부풀었었고
한때는 가스가 난다고 며칠째 불기둥이 하늘을 데웠고
한때는 멀지 않은 곳에서 땅이 흔들리고 꺼지고 난리법석이었지
여진은 이따금 찾아와 좌불안석이 되게 하지
죽도시장은 손님 끊겨 장사 안 된다고 시름이 깊어 가고
통과메기도 매출이 적다고 일찌감치 덕장이 문을 닫고
그럭저럭 마음이 허허로운 가운데 2월이 지나간다
명절에는 멀리서 돌아올 형님을 기다렸던 그리움의 땅이었다가
형제 사랑이 멀어졌을 땐 오해와 불신의 땅이었다가

나이 들어 그래도 형젠데 싶어 자주 찾아가게 되는 어머니의 땅
사랑의 일과 생각에는 차이가 있었겠지만
유년의 강, 그 강물은 늘 낮은 쪽으로 흘렀었지
강물 아래서 유장한 말씀과 낮은 자세로 살았던 생명의 실체들
그 기억들을 되돌리지 않는 한 사랑은 바닥일 뿐이다
소년의 마음에는 날마다 '유년의 강' 필름이 돌아간다

일몰과 일출 사이

황망히 걸어가는 저물녘
심장을 토해 놓은 선혈
너는 붉고 또 맑구나
새날이 또 너를 닮은 정신을 토해 내겠거니
숨 가쁜 기도를 올리네

밤사이 누군가는 지워져야 하고
밤사이 무엇인가는 잊혀야 하네
동지를 건너가는 나는 긴 시간을 견디어
허락된 온기를 모아 새벽을 데울 준비를 하네

말을 아끼는 저물녘의 사람들
이미 어둠에 점령당한 사람들
내일은 또 어떤 빛 조각으로 하루를 열 것인지 아파하네
서로 바라보는 얼굴은 아무 의미가 없네

바람이 이웃과의 악수 역할을 해 줄 것인지
아침이 기다려지네

새로이 그려지는 그림 속에
내 발걸음을 섞어도 될 것 같은 안도가 미소 짓게 하네
석양을 닮은 따뜻함으로 다가가네

지나간다

삶이란 그리움을 좇아가는 달구지 같은 것
나는 내 그리움에
따뜻한 옷 한 벌 제대로 입히지 못했다
삐거덕거리는 달구지 위에서
매무새 바로잡느라 허둥대기만 했었지
세상에는 흘러넘치는 게 그리움이다
겨울이 봄에게 자리를 내주어
싹을 틔우고 꽃을 달고 새소리를 부르듯이
밝은 천지를 만드느라 몹시 신음 중이다
허공에 희망 하나 달려고 봄은 온기를 나른다
이 또한 지나가면 그만이지만
먼 데서 제격에 맞는 그리움을 모셔오는 노력 없이
막가는 세상은 없다
봄 여름 가을 겨울 오가는 것이 억지가 아니듯
사람이 자연스레 살아가는데 함부로 서툴겠느냐
자연에 억지가 없듯이 역류는 터지게 마련이다
끝내 숨겨야 할 것이란 없는 것이다
하늘 아래서 하늘이 보고 있는 것을 숨기다니

사람은 속기도 하고 속이기도 하지만
양심은 거짓을 담을 그릇이 없어 헤매지 않는다
이 모든 것 다 지나가지만, 살아 보면
자연스레 다시 와서 다시 살아지게 된다는 걸
아지랑이 피어오르는 산 아래 철길
그 위를 달리는 객차와 화차의 자연스런 움직임에서
나는 태고의 그리움을 만난다

연산폭포와 마주 서서

낙숫물 소리가 고요를 깨운다
아무것도 아무것이 아니게 하는
장엄 앞에서
나는 또 하나의 대칭으로 서서
스스로 폭포가 된다
그 사이로 셀 수 없이 많은 햇살이
장막을 쳤지만
빛으로 있었을 뿐
형체는 보이지 않았다
나는 수많은 햇살의 화살에 등 떠밀려
예까지 와서 장엄한 완창을 듣는다
소리의 폭력은 어느새
득음으로 꽂힌다

추억 의식

그리워한다는 건
다시 볼 기회가 없다는 것인지도 모른다
일종의 추억 의식일지도 모르지
좋았다거나 기뻤다거나 슬펐다거나 괴로웠다거나
이루 말할 수 없는 경우의 수가 뇌리를 스치겠지만
현실의 나는 나를 어쩔 수 없어
늘 그런 의식에 잠식당하는지도 모르지
그런 날
슬그머니 마당으로 나가
두 손바닥으로 머리를 빗으며
하늘의 별을 올려다보는 일
잊기로 하려는 무의식의 발로일지도 몰라
털어 버린다는 게 어디 쉬운 일인가
시간의 굴레에 자꾸 갇히면 희미해져 버릴 것이라는
잔잔한 위로에 나를 던지는 것이다

2부

돌아가는 길

거울

시야에 들어오는 것은 다 받아 주었다
그는 사랑 그 자체였다
내가 그 앞에 섰을 때
나라는 존재가 엄청난 벽이었을 텐데
그는 아랑곳하지 않았다
이따금 뭣이 있는지 곁눈질로 살펴보면
앞에서는 안 보이는 것들까지 수용하고 있다
사랑은 보이는 것뿐 아니라
보이지 않는 것까지 포용하는 것임을 깨닫는다
얼굴만 받아들인다면 그건 가식이다
그 사람을 받아들인다는 것은
그의 모든 것을 받아들이는 것이다
그이 앞에서 자주 자문해 볼 일이다
제대로 사랑하는 방법에 대해서

고백 1

맑은 날이 저물면 하늘엔 온통 별 무리다
저 별들 사이에도 허공이 있어서 그리움은 늘 자라지 않을까
어쩌다 하늘을 올려본다
별들도 그리움에 지쳐 울 때가 있을까
이따금 별똥별을 볼 때면 저것일까 생각키도 하지만
별들의 통곡에는 눈물 한 방울 보이지 않았다, 마냥 빛이었다
나는 이따금 별이 되어 누구에게도 들키지 않은
지상에서 가장 비밀스러운 사랑을 가졌다고 고백할 것이다
그 고백을 들어 줄 이는 빛이어야 하고
그 빛으로 용서되어져야 한다
숨겼다는 그 자체가 세상의 악과 내통했다는 증거이기 때문이다
산 아래 위치한 뜨락에서, 산딸나무 꽃그늘에 선다
마치 바람개비 같기도 하고, 십자 모양 같기도 해서
나는 그만 묘한 상상에 젖고 만다

예수가 운명한 십자가가 산딸나무로 만들어졌었다는 전설 앞에서

이런 저런 까닭도 모른 채 유독 이 나무를 좋아했다는 게

우연의 일치인지, 알지 못하는 사이에 신앙의 DNA가 생긴 것인지

그 위안 속에서 조금의 치유를 느끼는 체험에 든다

이것도 위선이다

모처럼 별 아래서 갖는 나의 상상이여, 부끄럽구나

다시, 오늘

살아 있는 이 기쁨을 위하여
기도할 일이다
빛이 있어 내가 있음을
감사할 일이다
칠흑을 디디고 건너던 발걸음을
기억하는가
발등으로 서늘히 지나간 미물을
잊지 않았다
이 새벽
광명을 선물하는 이의 거룩함을
어이 찬미하지 않겠느냐
다시 주어진 오늘을
어이 찬양하지 않겠느냐
소중하여라 오늘이여
신비하여라 신의 손길이여

만년에

석양은 산등성이를 짚고 내려오고
저녁은 땅바닥에 몸져누웠다
일생의 끝이 이러지 않기를 기도한다
그런데, 그건 내 마음일 뿐 허락받은 적이 없다
아직도 나는 당신을 잘 모르는 무식한 놈입니다
그래, 순간이다
찰나와 놀자

돌아가는 길 2

생애라니 나에겐 가당찮은 어휘다
본향으로 가는 그 길이 분명 하나인데
나는 어찌하여 낯선 길을 기웃거려 지각인지
아직 근처에도 가지 못했다
'나'라는 종교를 맹신하여 잘못 든 길에서
수없이 넘어지기를 밥 먹듯이 했다
차마 부끄러워 말할 수 없음에도
나는 또 시를 빌려 고백하고 있다
시는 구원의 언어라고 내 입으로 떠들었는데
스스로를 구원하지 못하고 나는 오늘도 아프다
본향으로 가는 길엔 천천히 들어서도 된다고
'나'라는 종교에 포섭되어 상처투성이가 되었으니
교주인 '나'를 처벌해야 이 싸움은 끝날 것 같다
날이면 날마다 나를 지키던 임이 보시기에
내 꼬락서니가 얼마나 우스웠을까
'그래, 니 맘대로 놀고 더 놀 게 없으면 그때 연락하거라.'
다시 돌아갈 일이 까마득하고 부끄러워 머뭇거린다
이런 것마저도 용서해 주실 임이 계셔 나는 행복하지만

똑바로 볼 수가 없다
빛이신 그분을

문

눈을 뜨면 어디로든 길이 있었고
그 길엔 보이든 보이지 않던 문이 있었고
나는 겁 없이 나아갔다
생각할 겨를도 없이 순간에 지배당했다
열리던 문들을 쉽게 간과한 것이 늘 탈이었다
이기의 머플러를 휘날리게 했고
소위 별것 아니라는 자만을 갖게 했다
이따금 발목을 잡혀서 오랜 시간 숙성되어야만 했다
시간의 낭비는 벼랑을 오르는 것과 같아서
인내를 볼모로 심연의 허기를 시험했다
결국 문은 겸손과 타협하고서
지혜를 선사했다
세상의 미로에는 온갖 문이 있어
사려 깊은 발걸음으로 다가가야 한다
선택은 자신의 몫이라
처절하지 않으면 열 수 없는 덫에 걸리게 된다
이럴 때 자신에 대한 배려가 필요하다
나는 오늘도 내 마음에 난 헤아릴 수 없는

희망의 문들을 열어 보려 기웃거렸다
그중에 유일한 하나에 믿음을 보태려 한다
두드리면 열리리라는 희망에 올인 하는 것

묘비명

내가 나를 탕진했으니
세상이 나를 탕진해도 할 말이 없다
부끄럽게 산 것은 지울 수 없다
마지막으로 고백할 것은
'!'
긍휼히 여기소서

무관심하던 사이에

빛으로 나아가는 모든 것은
고통스러우나 아름답다

세상살이가 그렇고
모든 관계가 그렇다

오늘 아침에 새가 울고
영춘화 한 송이가 피었다

그리운 것들은 멀어만 보였는데
어느새 곁에 와 있었다

뭐 해, 머리와 가슴에 등불을 달아랑깨!

구름이 끼었거나 비가 오거나
바람이 불거나 눈이 내리는 날에도
하늘은 기어이 열려 있다지
거기는 너와 나의 공간이 아니고
하느님이 사는 터전이라 그러하다지
문 열어 놓고 날이면 날마다 내려다보고
날이면 날마다 가슴 쓸어내린다지
지가 하느님이라 우기는 인간이 안쓰러워
교만의 더러운 밥을 대신 먹고 사신다지
존엄을 줘도 그 가치를 모르고
자유를 줘도 맘껏 누릴 줄 모르니
얼마나 불쌍하겠어, 그건 아무것도 아녀
날마다 제 곁에 따라다니며
온갖 말 다 들어 주고 하는 짓거리 다 보셔도
아무 말씀 아니 하잖아, 그러니
지가 아무리 잘못해도 말리지 않으시니
지가 최곤 거야, 지가 하느님보다 큰 거야
무식하긴, 그게 사랑인 줄도 모르고 까불긴

그러니 잡아먹히지, 시뻘건 놈들한테
꼬시는 놈보다 꼬시키는 놈들이 더 바보 아녀!

보잘것없는 기도

일생은
시간의 두루마리가 풀리는 대로
펼쳐져 나간다
나는 그 시간의 동승자일 뿐
운전대를 허락받은 적이 없다
1초 후의 나의 존재를 모르니
그럼에도 쳇바퀴 돌 듯
해가 바뀌고 시간은 여전히 흘렀다
같은 일은 한 번도 일어나지 않았다
짐작도 안 되는 시간의 동굴 속으로
나는 내 의지로만 간다고 믿었는데
아니었어, 부끄럽기 짝이 없었지
어느 날 섭리의 깨달음으로
존재를 알기 시작한 때부터
믿고 따르고 있다, 가짜가 아닌
사랑, 진리, 정의, 평화를 마음에 품고
시간의 사막에 허허로이 서 있다
이 마음의 풍요를 즐기며

본향으로 갈 것이다
가시밭길이라도 기쁘게 갈 것이다
나를 일으켜 세우시는 이여!
나를 일으켜 세우시는 이여!
찬미, 찬송, 영광 받으소서

본향

참, 멀고 길고 넓다
여러 낮밤
십자가를 어깨에 메고
빛 속으로 들어가기까지
한 생을 그리워하다니

부록의 나날

부록의 나날을 보내는 이즈음이다
사는 데 걱정이 왜 없겠나
마음먹기로 했다
다 내려놓고 되는대로 하기로
시간도 내 편이고
갈 일만 남았는데
머무는 동안 마음 상하지 않게
배려하며 살기로,
이제 생각하니
전원에 사는 것도 복이고
느림 철학에 맡기는 것도 복이고
자연의 것 맘껏 얻으니 복이고
걷는 것도 복이고
자유를 누리는 것도 복이다
부록의 나날에 감사한다

생각 2

자연의 것, 알몸 아닌 것 어디 있나
무슨 큰 발견인 것처럼 착각하지 마라

처마 끝에서 제 무게에 겨워 떨어지는
저 알몸들의 헌신이
작은 웅덩이를 여럿 만든다,
작은 노동, 그걸 우리는 순수라고 명명한다
감추지 않았기 때문이다
무게는 변화를 추구한다
그 모습을 눈으로 보는 것만으로도
마음은 시로 요동친다
가리지 않고 내린 비의 정의가 소리를 낸다

너 나 할 것 없이 젖은 것들은 또 한 겹의 물로 인해
더 가식의 수렁으로 빠져 든다
우선 한 겹의 가식을 털어 말려야 하고
용기가 있다면 온전히 벗고
탈출을 시도할 수 있을 것이다

비처럼 할 수 없다는 걸 아는 까닭에
제한된 공간에서 또 하나의 가식에 통곡할지도 모른다

인간, 가장 현명하다는 인간, 순수 앞에 무릎 꿇다
순수를 어찌할 수 없는 부끄러움에 지다

이 또한 지나가리라

그를 만나기 전엔
그가 그토록 질긴 정신의 소유자라는 걸 알지 못했다
겉으로 보기엔 친절하고 부지런하고 사람 잘 챙긴다 여겼다
일반적으로 괜찮은 사람이라 생각했다
하지만 다툼이 있고 나서부터, 틈이라는 게 생겼는데
틈을 비집고 들어와서 대단한 성깔을 부린다, 정신 못 차리게
마치 표면장력의 단단한 응집력같이
저력을 맘껏 발휘하여 말의 포탄을 소낙비처럼 퍼붓는다
이 정도면 지치거나 짜증이 나서 두 손 들고 만다
그가 퍼붓는 성깔들은 가슴에 박히는 즉시 염증으로 번졌다
염증들은 전파력이 세서 온몸을 흐물거리게 했다
정신을 갉아먹는 바이러스같이 거대한 스트레스 성城을 구축했다
그렇거나 말거나 사람은 살아야 하고
스트레스 성城에서 바이러스 벽돌 하나씩 꺼내어

치유의 벽돌로 갈아 끼워야 했다
저것을 이기는 방법은
대꾸가 아니라 침묵이라는 것을 겨우 깨달았다
스스로 지쳐 무너지게 하는 게 소위 침묵이라는 무관심법이었다
기나긴 나날의 사투였지만 깨달음 하나 앞에
안도의 눈물은 여지없이 허물어졌다
모든 게 감사했다, 침묵은 또 다른 지움임을 알게 되었다

착각

내가 정말 나인지
네가 정말 너인지
우분투*를 생각하라
아무런 도움 없이 너와 내가 완성된 것이 아니라는 것
착각하지 마라
늘 우분투를 생각하라
관계 속에서 아름다이 사는 것이
풀어야 할 숙제인 것 같네
나를 버리고 내려놓는 것이
그리도 어렵다고 하네
환갑 전에 철들기 어렵다는 이야기가 생각나네

* 우분투Ubuntu : 아프리카 지역에 널리 퍼진 생활 방식이자 철학이다. 이것의 기본 정신은 '인간은 타인을 통해 완성된다.'이다.

침묵이 때로는 더 아름다울 수 있다

말의 반은 마음에 담아 두고
말의 반은 눈빛, 얼굴빛으로 드러내면 좋겠다

빛이 곧 말이라 했던가
이 말을 이해하기란 참으로 어렵겠지만
이해하기보다는 느끼는 것이
느끼기보다는 받아들이는 것이
더 아름답다 했는데

침묵으로 나누는 그 눈빛, 얼굴빛이 더 빛나서
별빛을 능가할 수 있을 때, 그때
그대의 사랑은 참 잘 익었다 하리니
침묵이 때로는 더 아름다울 수 있다는 걸
깨칠 수 있을 것이니

풀꽃

언제나 오시고 와 계신다
늘 깨어 있고 살아 계신다
오늘도 고통을 이기고 돌아온 꽃마리처럼
아주 작고 아주 여리고 가장 낮게
오늘은 봄맞이꽃으로 웃으신다
너도 행복하라고 말씀하시는 것 같다
배려가 사랑이라 하시는 것 같다
부활의 아침처럼 와 계신다
오늘은 봄까치꽃으로 웃으신다
양지를 찾아 여러 갈래로 파견하시던 그 모습으로
아무것 가지지 않아도
사랑 하나면 녹여낸다시던 그 모습으로
우리가 언제 기꺼이 모신 적이 있는가
우리가 언제 따뜻한 자리 한 번
마련한 적이 있는가
그럼에도 모르는 사이에 와 계시고
느끼지 못하는 사이에 오셔서 웃고 계신다
저 맑고 밝은 미소를 미리 짐작이라도 했더라면

저 사랑의 몸짓을 조금이라도 눈치 챘더라면,
나는 해방되련다
나의 거만과 아집과 교만과 죄악에서
하잘것없는 세상일 기꺼이 놓음으로써
끝내 죽어질 몸이라도 풀꽃 같은 마음으로
영원한 빛으로 가련다
누리엔 널린 게 풀꽃이다
번지는 저 사랑을 무심코 습관처럼 밟는다
내가 죽지 않는 한 진정한 해방은 없다는 것을
자유가 내 곁에서 내미는 손을 왜 잡지 못하는지

텅 빈 들녘

어머니를 본향으로 보내고
다시는 뵐 수 없어졌을 때
시나브로 떠오른 것이
텅 빈 들녘이었다
빨래를 손수 하지 마시라 했던 게
그만 임의 마음을 닫게 한 별리 사건이다
나를 죽음에서 살린 이가 임인데
되레 임을 가시게 해 버렸으니
내 입장의 효도는 효도가 아님을 깨달았다
내 마음의 텅 빈 들녘에 서면
이즘에도 임이 그리워 몹시 운다

3부

바람은 거처가 없다

'가'와 '까' 사이

올해 들어 유난히 까마귀들이 자주 부르짖는다
'가' 그랬다가
'까' 그랬다가
때로는 떼로 부르짖는다
누구를 어디로 가라는 건지
무슨 사연을 까라는 건지
왜 하늘이 미물에게 이 일을 시키는 건지
미물보다 못한 사람이 누군지
하늘은 다 아는 것 같은데
굳이 하늘 곁을 맴도는 까치에게
이 막중한 일을 시켰을까
때가 이르면
하늘이 전면에 나서나 보다
천지신명이 굽어 살피는
'가'와 '까' 사이

계란꽃

개망초꽃 밭에 앉아서
보릿고개 갓 넘어온 허기를 달랜다
아무리 배고파도 먹을 수 없는 게 계란꽃인데
허기를 잊어도 될 만큼 우린 너무 멀리 왔다
이즘엔 허리 졸라맬 만큼 가난하지 않음에도
배고픔 앞에서 참을성을 버린 지 오래다
3일 굶겨서 계란 프라이 맘껏 먹게 해 준다고
개망초꽃 밭에 데려가면 눈 뒤집어지지 않겠나
뒤집어진 눈의 마음으로 무슨 짓을 상상할까
고약한 상상이 아니기를 기도한다
못 먹어 배고픈 것보다
마음의 배고픔이 더 아플 것이어서
콩 한 조각이라도 나누어 먹을 여유를 가진다면
배고픔의 아픔은 잊을 수 있을 것이야
긍정은 긍정을 낳아 허기를 인내케 하겠지만
부정은 부정을 낳아 허기를 화나게 할 것이네
이 마음의 작용을 나는 지금
개망초꽃 밭에서 찾으려 하네

고드름

실오라기 하나 걸치지 않은 나부 같아서는
유혹마저 날카롭구나
한 번 손 놓으면 산산조각이 날지언정
직시의 눈은 한 치의 오차도 없이 날아간다
사랑도 저러하면 짧아도 아름다운 것을

고마운 일

길을 건너려 횡단보도에서 기다리는데
지나가던 해가 살그머니
나무 그림자를 내 쪽으로 드리운다

땡볕에서 그냥 참고 있는데
조건 없이
그림자 하나 데려와 가려 준다

이럴 수가
나도 생각 못한 일인데
우연한 이런 일이
참으로 감격케 한다

광안리는 저물지 않는다

광안리는 시간이 흘러도 저물지 않는다
파도처럼 주기적으로 내 마음을 출렁일 뿐이다
내가 잠시 내려놓은 마음 한 자락
모래가 감싸고 있을 것이라 믿는 것은
광안리가 저물지 않는다는 내 믿음 때문이다
회와 소주와 내 마음이 아직도 섞이고 있음을 알기 때
문이다
아무래도 인간은 여운의 맛을 먹고 사는가 보다
세상이 다 저무는데 광안리라고 왜 저물지 않겠는가
그러나 거기에는 여운이라는 시간이 살아 있어서다
여운을 만나러 너도 가고 나도 가지 않는가
마음의 고리는 무엇으로도 풀리지 않는 수수께끼다

긴 봄꿈

연두 잎 따라 산자락 오르다

숲 속 저만치서 웃고 있는 그녀를 보았네

봄빛을 미리 맞은 저 얼굴이 저리도 곱네

산 채로 데려올 수 없어 가슴에 묻었더니

봄이 다 가도록 꿈속에서 떠나지 않네

낮달 2

아궁이로 지핀 불이
아침녘 윗목에서 식어 가는 중이다

저물녘 보름달 같은 엄마 마음이
아침녘 시름에 겨워 몸져눕는 중이다

저 얼굴에서 벼린다는 말을
가만히 끄집어내 본다

머지않아 집 찾아올
본마음을 읽는다

노년

참 잘 익은 노년이여
곁을 내주는 여유로움이여

황홀하여라,
그대는 기다려 줘서 고맙다
그대는 마지막 배려라서 그립다

어느 누구든
이 지점을 비켜 갈 수 없다 하였으니
가기 전에
더 사랑하기를

노을

누가 흘린 눈물이기에
저 보리밭 이랑이
저리 붉을까
저녁노을 비친 저 눈에
보리 그림자 빛난다
뜨거워 보지 못한 가슴으로는
저 모습을 아름답다 말하지 마라

동무 생각

개구리 울음소리와 같이 잠자리에 들었다

폭포수 같던 자장가 소리는 다 어디로 갔는지

한 움큼씩 적막이 옆자리를 채우고 있었다

이따금 눈뜨면 반딧불이 움직이고 있었다

마음 2

너 하나를 읽을 수 없어
이리도 막막하냐

너 하나를 가늠할 수 없어
이리도 난처하냐

난 아직도
너의 포로다

마음 3

좋다
참 좋다

마냥 좋다고만 하니
어찌 아름답지 않으랴

그런 그대가
어찌 크지 않으랴

좋다
참 좋다

바람은 거처가 없다

거실 창을 열면
눈에 들어오는 것이 온통 나락이다
고개 숙인 걸 보니 먼 길 온 것 같은데
'시간을 이긴 것은 없다'는 명제에 이르면
숙연해지기 마련이다, 그런데
이따금 바람과 어울려 노는 모습을 보면
바람난 년 같은데 쉽게 넘어지지 않는 것에서
그럼 그렇지 해 본다
바람이야 어딘들 없겠냐마는
이따금 성질머리 피우지 않겠냐마는
그래서 거처를 더더욱 물을 수 없다
반듯하면 뭇 바람에 휘둘려도 넘어지지 않는다
오늘도 거실 창을 열고
한 폭의 생생한 그림을 본다
나락의 옆구리를 간질이는 바람을 느낀다

봄 아니냐

네 상처보다 큰 너는 없다
그래서 좋다, 다 좋다
그러니 사랑해도 좋다
아파하지 마라
아픔보다 작은 너는 없다
겨우내 떨어 보지 못한 뿌리가
어찌 이쁜 꽃을 내밀겠느냐
봄 아니냐, 사랑해도 좋을 때이니
봄처럼만 살아라
만개한 벚꽃이 응원할 게다

소리 따라가다

내 걸음에 풍경 소리 내려와서
힘내라, 힘내라 한다
힘겨워하면
발바닥 아래에 누워 밟고 가라 한다
그날
정방사에서 아랫길로 바람이 불었다
풍경이 바람과 놀지 않고
뭘 했겠는가
그 소리 따라 내가 여기 와 있네

어처구니

어둠은 스스로 어둠을 물리치지 못한다
닫힌 세상에서는 기대할 수 없는 것인지
한 시대가 끝나서 좋아라 박수를 쳤는데
며칠 지나지 않아서 모락모락 헛소문이 돋는다
다스릴 걸 다스려야지, 사람을 다스리다니요
뛰는 놈 위에 나는 놈도 모자라서
안개 전법이다, 오리무중
남이 하면 죄다 부정적으로 보다가
자신이 해 보니 여의치 못하다는 걸 깨닫고는
합리화하기 바쁘다, 이런 어처구니라니
사탕발림 작전은 단맛이 떨어지면
당뇨 환자가 갑자기 쓰러지는 것에 다름 아니다
무거운 맷돌을 어처구니없이 맨손으로 돌리려니
여간 힘들었어야지, 그래서야
곡식이 잘 갈려지겠나, 또 시간은 어쩌고
'나는 자연인이다' 프로그램을 보면
어처구니는 필요 없다
자연이 그 대답인 것을

종소리

바람에 '웅–' 소리가 실려 왔다
아랫마을에서 종을 또 울렸구나
해풍을 타고 밀려온 것이
꼭대기를 점령한다, 낮이다
내 귀가 소리를 받는다
소리가 두껍다
저 소리의 집은 크고 따뜻할 것 같다
참말씀의 파장이 마음을 울리듯
제대로 된 종은 소리도 길고 거룩하다

촛대바위

견디지 않고 벗어날 수 있는 것은
아무것도 없었다
너를 바라보던 그 시간이 그러했다
거기에 서 있었던 것으로
너는 너를 증명했다
그리고 들었다
끝을 조심하라는 네 묵언을

10월

다홍빛 감이 달렸던 그 자리

잿빛 가지가 어지럽다

어느새 풍요가 떠난 그 자리

세월이 빈 잔 들고 하늘을 우러른다

빈자의 따뜻한 가슴이 그립다

4부
푸르른 정신

가을빛 아래서

태풍을 일으켜
누군가의 하늘과 땅을 몹시 쓸고 닦더니
다홍빛에 파르라니 가을빛이 흥건하다
그럼에도 산 아래는 근심이 스며들기 시작한다
가을걷이에 목숨을 걸었던 이들이 슬퍼하지 않기를
이럴 때 감나무에서 나온 한 떼의 바람이
골목길을 돌아 감 작업장에 한 줌의 위로를 남기고
지나는 길에 코스모스 허리도 어루만지고
꽃댕강 꽃잎에 깊은 입맞춤도 남겼으면 좋으련만
자연이 무언의 결과를 예언했음에도
알아들을 지혜가 부족했던 나를 슬퍼해야 하지 않겠나
시간의 거울을 들여다보지 못한 아쉬움에 젖을 수밖에
생각을 맑히고 하늘이 더 깊어지기 전에
지나온 나날에 감사하고 또 한 해를 정리할 일이다
쳇바퀴 같은 삶이니 촘촘히 기억했다가
가을빛에 마음 엮어 봄 하늘로 날려 보내기를

걱정하지 마라

GI가 버리는 음식으로 배를 채우다
밥풀때기 입가에 붙는 줄 모르고 웃었다
기아를 밥 먹듯 하던 시절 배부르면 몰래 웃던 그 미소
50년대, 참 오래된 기억이다, 이제 걱정하지 마라

그 시절 그 어떤 상황보다 더 어려워질 것 같지 않으니
헌 옷을 입어도 그때보단 나으니, 걱정하지 않는다
배곯지 않고, 아쉽지 않으니 무슨 걱정이랴
부끄러울 것도, 숨길 것도 없는데
누나 손잡고 피란 가던 그 상황이 다시 온들 무슨 걱정이랴
살 만큼 살았으니 떠날 준비도 다 되었는데

걱정은 말아도 잊지 말아야 할 것이 있네
세월의 아픔을 잊어 가는 저 비린 영혼들의 망각 말일세
봄 뜰을 덮어 버린 잡초들의 기세처럼 자라나는

봄 끝자락에 묻어 미리 오던 여름 바람에 물어보고 싶네

오래 쟁여 둔 낡은 생각이랑 삶의 흔적들
툴툴 털어 말려도 되겠는지
그리 하면 각박한 세상이 바뀌어지는지
낡은 꿈들 세탁하지 않아도 재생될는지
오래 오래 걱정하지 않아도 사랑으로 바라볼 수 있겠는지
그대, 근심으로 비빔밥 해 먹어도 걱정하지 마라

먹장 가슴

바람 부는 날 비닐하우스는
종일 바람의 채찍이 날을 세운다
초겨울 미나리 하우스에 비닐을 덮기 위해
바람 불지 않는 새벽에 손 호호 불어 가며 비닐을 친다
바람이 불기 시작하면
주인 목소리가 바람의 채찍보다 더 날을 세운다
비닐의 상처가 마음의 상처보다 더 걱정되어서다
미나리는 사람이 배려해 준 은혜를 입고 자란다
미나리 줄기에는 은혜의 흔적이 고스란히 남아 있다
미나리 농사는 시작도 마감도 없는 기나긴 문장이다
잘 자란 미나리 베어 들고 환희에 얼마나 설레겠나
미나리 잎에 동상의 상처가 사라져야
밤잠을 설쳐야 했던 여러 날들이 안도가 되기도 한다
그윽한 미나리 향 속에 남아 있을 땀과 눈물을 생각한다
아삭아삭하는 촉감에 지그시 감기는 눈
향은 이미 목구멍을 넘어가서 내 식도를 평정한 후일 터
멀리까지 번은 미나리 잎 색깔이 초록 혁명을 대변하는
건 아니지만

이 겨울 내 건강의 변방을 지켜 주는 것이라 여기니 좋기만 하다

한 해의 멋진 농사를 위해 1년 내내 먹장 가슴으로 지냈을

조 사장의 노심초사를 겨우 들여다본다

바람이 그냥 바람이겠어

저 녀석과 늘 놀던 녀석들은
으레 그러려니 하고 살아
옷 갈아입을 생각을 왜 안 하는지 몰라
일기 예보에서 영하의 기온이 서서히 물러나던 어느 날이었지
연두 순들이 배시시 고개 들더니
젖 밝히는 강아지처럼
어미 가슴을 한참 파고들어서는 세상을 데우는 거야
영하에서 멀리 달아난 바람난 바람이
어깨춤을 휘날려서는 들과 산을 데우는데
연두에서 초록이 되도록 깡그리 도배를 하는 거야
그러니 같이 놀던 초록 녀석들이 제자리에서
끽소리도 못하고 섞여 버리고 마는 거지
봄이 다 가도록 연두의 혁명은 끊이지 않았어
여름이 되어 혁명이 완수되었다고 소식을 주었지
짙은 푸르름 속으로 초대를 하지 뭔가
도배 놀이도 저 정도면 수준급이라 일당이 수월찮을 거야

세상일에는 그저 되는 게 없어
그저 되든 안 되든 거기에는 합당한 대가가 치러지지
바람이 그냥 바람이겠어

벌 소리에 이끌려

시골 길 가장자리를 걷는데 웅웅거린다
내려다보니 봄까치꽃이 벌에게 겁탈당하고 있다
맨몸으로 달겨들어 제 생을 쟁취하고 있다
봄기운이 어느새 저 녀석을 유혹했는지
꿀 냄새를 맡고 멀리서 달려왔을 테다
아랫도리로 연신 힘주어 퍼 올리는 저 자세가 가관이다
생명을 이어 가는 것들의 공통점이라는데 누가 웃겠나
웅웅거리는 소리가 내 귀를 어루만질 때마다
방해하지 말라는 신호로 들렸다
반대편 길로 물러섰는데 거기서도 웅웅거린다
길 가운데로 나와서 나는 그만 이승의 미아가 된다
순간의 실수로 내 발이 팔랑거리기만 하면
사냥꾼의 공격이 펼쳐질까 봐 아찔해진다
끊임없이 이어지는 저 숙명의 소리
우웅 웅, 저 생존의 질긴 몸짓
갑자기 봄의 은유가 내 눈으로 파고든다
살아오는 동안 저토록 처절한 행위를 본 적이 없다
느닷없이 보릿고개를 떠올렸지만

니들의 지금은 그때보단 행복하다는 생각에 안도한다

홀로 허공 가지에 기대어 생을 탐하는 저 의연함에 고개 숙인다

산

—봄 산

그는 지금 모자이크 시공 중이다
무거움을 걷어내고 가벼운 터치를 하고 있다
부드러운 손길에 세상이 취하고 있다

—여름 산

마침내 긴 터널을 지나온 침묵
사랑이란 심연 같거나 창공 같다가
만년설 같거나 명경지수 같아서
짙게 짙게 무르익어서는 흐느적이게 한다

—가을 산

그는 지금 모자이크 재시공 중이다

마냥 질게 건너온 저 가슴을 다독이고 있다
세상에서 가장 찬란한 모습을 담으려
가장 찬사 받은 색채를 모두 동원하고 있다
장인의 손은 지금 불꽃으로 타고 있다

–겨울 산

1막 3장이 끝난 무대
빈 그릇을 바라보듯 텅 빈 우주를 품에 안는다
차갑지만 따뜻한 체온
하얀 눈이 내린다
세상에서 가장 맑고 밝고 따뜻한 가슴을 지닌
저 눈, 바람이 시샘을 한다

삶은 살면서 얻는다

눈 한 번 깜빡거릴 새
꽃은 피고 봄기운이 다녀갔다

차가움과 따스함이 교차하는 사이
자연은 많은 에너지를 날라 왔다

그새 보름달이 여러 번
크게 웃었다, 나도 덩달아 웃었다
계곡 산 아래에 살면서 그냥 사는 게 아니라
자연이 가르치는 순응을 배우는 중이다
이 즐거움을 모르면 여기서 살 자격이 없다

시간 낼 틈 없이 바쁘다는 도시적 핑계
여기서는 통하지 않는다
자연의 흐름에 따라 그냥 부지런해지는 것이다
그러다 보면 상추도 길러 먹게 되고
고추, 가지, 가시오이, 노각오이, 토마토, 청경채
여러 먹거리가 자주 즐겁게 한다

그러나 풀과의 전쟁은 여전히
부지런함 그 이상을 요구한다

버릴 게 없는 이곳에서
나는 자연인이 되어 가고 있는 중이다

넋두리

허기의 아침이 오면
가난도 밥반찬이 되어 식탁에 오를 때가 있다
그리고는 허기의 고향이 연례처럼 겪었던 배고픔을 떠올릴지도 모른다

세상에 널린 것이 먹을 것이지마는
언제나 따라오는 건 양면성이다
이를테면 갑과 을의 대척점처럼
생명과 존재를 바라보는 눈과 마음의 갈등이
우리를 바보스럽게 만든 일이 어제오늘의 일인가

알고 보면 이해 못할 것도 아닌데
온 세상이 다 먹고도 넘치는 식량이
하루에도 엄청나게 버려진다는 것이다

아프리카의 아사자를 돕자는 구호가 연일 TV 화면에서 펼쳐진다
한마디로 구걸이다

배려를 앞세운 구걸이다
탐욕에 저당 잡힌 구걸이다
이런 거 안 해도 되는 방법을 저들은 잘 안다

그런데 안 한다, 아니 못 한다
옭아매는 방법부터 먼저 생각하는 자들이니까
거북스러워 풀어 놓지 못한다
손해라고 생각하니 풀어 놓지 못한다
같은 사람이라는 걸 인정하지 못해 풀어 놓지 못한다
그럼에도 입으로는 맨날 평화, 정의, 사랑이라 떠들지

허기의 아침을 맞아 보지 못한 이들이 어찌 배고픔을 알까
가난을 밥반찬으로 나누어 먹던 그 시절이 그나마 행복했는데
지금은 옛일이 되고 말았다

종말이라는 게 있기는 한지

질병은 치료하면 되지만
탐욕은 치료가 더디고 어렵다는 것이다
예수와 부처는 그럼에도 날이면 날마다
내려놓으라고 간곡하게 부르짖는지

세월이 참 빠르다

연두의 노래가 봄의 문턱임을 알겠네
시작을 왜 연두로 했는지 물어볼 새도 없이
시간은 저만치 걸어가고
개나리 벚꽃 복사꽃 감꽃이 성큼성큼 지네
세월은 겹쳐지며 절로 오수를 즐기게 하고
이따금 땀나게 하는 햇살이 여름이 가까워졌음을 느끼게 하고
땀내를 풍기던 노년의 머리카락에서 땀이 흐르나 했는데
따스한 햇살만큼이나 곱게 다홍빛이 흐르네
머지않아 빛 잃은 자연이 스스로 무너지겠지만
추위를 뛰어넘음을 잠깐의 휴식임을 알리네
변화를 앞세워 세월은 가는 것이지만
그 앞에선 저항할 수 없는 자연인임을 인정해야 하네
이런 노래가 다 무엇이기에 염증처럼 번지는지
노래하는 사이에도 세월은 흐르네
누구의 허락도 없이 기꺼이 흐르네
사람아, 너는 어찌하여 나이와 변화로만 말하느냐

시여, 어설프다, 구린내 난다

문정희의 시 「미친 약속」을 읽는다
약속이니 맹세니 하는 따위가 올가미라는 걸
피 끓는 시절엔 전혀 모른다
곪 삭아서 더는 나를 밀어낼 수 없을 때
뉘우친다, 아무 소용없다, 늦은 거지
감나무의 일생을 보고 인생을 터득한 것 같은데
감나무의 일생이라는 게 한 해 살고 죽는다는 게 아니라
잎이 나고 열매 맺고 결이 익고 홍시 되어
보시하는 전 과정을 말하는 것인데
어디 홍시만 그러냐
세상에 그런 거 천지다
시에 미치면 내가 소재로 한 것만이
대단한 자료인 것처럼 보게 되는데
세상은 시에 안 속는다
돈에는 속아도 시에는 안 속는 속물 세상에게
시여, 어설프다, 구린내 난다
그대 헛약속, 헛맹세는 아예 시궁창에 버리게
거추장스런 건 마음의 짐이니, 버리시게

하려거든 감의 일생처럼 제대로 하시게
말이 필요 없는

*문정희의 시 「미친 약속」을 읽고 내 생각을 펼침

잠시 킬리만자로를 생각하며

산등성이에 내린 눈이
영원히 그대로 있으리라 생각한 적은 한 번도 없다
그가 내릴 때 지켜본 사람은 아무도 없었으나
증인은 있었을 것이라는 희미한 생각을 가져 보는 것이다
외로운 등성이에 발을 딛고 숨결을 고르고 있었을 의지를 생각한다
어젯밤이었다
여러 번 마당에 나가서 차가운 공기에 몸을 적셨다
숨결을 고른 눈바람이 계곡 따라 달려와서는
온몸에 달라붙어 등을 만지고 귓불을 만지고 코끝을 싸하게 만졌다
아침에 등성이를 올려봤더니 눈빛이 엷어져 있었다
그 밤에 나를 사랑해 준 것이 눈바람이 아니라 그의 몸과 마음이었구나
어쩌면 그대가 거기에 잠시 있었기에
오늘 내가 이리도 힘찬 아침을 맞이하는구나
그 밤에 그대와 내가 만났다는 것이 우연이었겠지만

어디서건 사랑의 기류는 흐르고 있다는 것인데
우리가 느끼지 못하고 있음을 부끄러워할 뿐이네
온몸 풀어 저 눈바람이 아래로 내리달려서는
우리가 버린 지난한 사랑을 증언이라도 한다면
그땐 고개 숙일 수밖에 더 있겠는가
우연히 아주 우연하게 내리는 걸 두고 첫눈이라 말하기엔
우리의 염원이 너무 부끄러울 것 같네
첫눈, 이것도 하나의 이름이긴 하나
킬리만자로의 눈처럼 매서운 시선엔 비길 수 없는 거라
나는 다만 세찬 눈바람에 온몸을 맡기네
내 정신의 고향에게서 세례를 받듯이
눈바람에 옷을 벗긴 눈 알갱이들은
여린 물이 되어 어디론가 흘러가다
마침내 거대 담론을 쏟아내서는
저 꼭대기를 그리워하는 사랑으로 남으리니

중얼거리다

그날 그 바다에는 종일 장대비가 내렸고
살갗이 따가웠던지 수없는 돌기가 돋았다가는 쓰러졌어
그러기를 종일, 지친 바다가 마침내 속을 뒤집기 시작한 거야
바람 불지 않고 볕이 쨍쨍한 날이면 그리도 부드럽던 표면이
기압 이변에는 가차 없이 속내를 드러내더군
세상일 뭐 별거 있겠어
있는 그대로면 아주 좋은데 말이야
속을 뒤집게 하는 구역질나는 일들을 말이야
들통나 버리면 뻔한데 숨어서 몰래 꾸민다는 거야, 그러고선
거짓말로 아닌 척하지
인간이기를 포기한 거지
겉 다르고 속 다른 인간들에게 속아서
늘 자유를 잃어 왔었다는 걸 늦게 알고는 아우성이지
그나마 늦었지만 깨달았다는 게
얼마나 큰 수확인가

깨어났다는 게 무엇보다 소중한 거지
오늘도 중얼거린 일로 내 속은 부글거리네

첫눈 오는 날

이런 날 누군가 올 것만 같아
대문 밖에서 서성인다
멀리서 휘날리며 달려올
옷자락을 볼 수 있을까 눈을 크게 뜨고
저 지평선으로 따뜻한 마음을 보내
두 가닥의 길을 내리
누구나 사랑에 기울어지면
마음 한쪽이 빌 것 같아
두 가닥의 길에서
한쪽 마음이, 빈 마음을 만나면, 그리하여
두 손으로 마주 잡고 같이 간다면
세상의 어떤 기도보다 충만해져서
첫눈은 기꺼이 맨발로 오지 않겠는가
온몸이 설인처럼 하얗게 변한다 해도
이 넘치는 기쁨 주체할 수 없어
누리가 다 녹도록 뜨겁게 구르리
설사 녹이지 못한다 하더라도
이 충만으로 나 혼절해도 좋으리

우주에서 사뿐히 오는 춤사위에
나 혼절해도 좋으리

이따금

그립다고 하지만, 신이 아닌 사람이어서
늘 그리 할 수도 없는 일이라, 이따금 나는
그대가 몹시 그립습니다
거실 창을 열었을 때 나락이 거처를 모르는 바람과 놀고 있을 때
나를 생기 있게 하는, 즐겁게 하는, 삶답게 하는, 고마운 저 모습에
그리움은 잉걸불보다 더 깊이 뜨거워집니다
그러면서 이따금, 이러면 안 되는데 이러면 안 되는데
나를 버리기도 합니다, 세상에서 가장 하기 힘든 일인줄 알면서
그러기를 거듭하면서 세월이 갑니다
지금 나는 논 가장자리에서 바람에 나포되어 있습니다
사람일 때 사람만큼만 사랑하며 살면 좋겠습니다

파랑이 왜 파랑의 어깨를 짚고 넘어오는지

바람 없는 날
가장 낮은 파랑이 연주하는 현의 울림으로
고요는 아주 가볍게 접근한다
살다 살다 어쩌다 이 바닷가에 와서
저 고요의 농담에 내가 저무는가
차라리 해발이 엄청난 파랑으로 후려치든지
꺼꾸러뜨려 심해로 끌고 가서는 숨을 아예 끊어 놓든지
그리움이 결국 상처를 만든다는 생각을 지울 수 없다
저 수평선 너머의 생각을 알 수 없듯이
파랑이 왜 파랑의 어깨를 짚고 넘어오는지
그 까닭을 굳이 생각해 본 적이 없다
나는 예수가 아니어서 갈릴리 바다 위를 걸을 수 없다
저 파랑들 낮거나 높거나 그리워만 했지
그리워만 하다 상처 입을 줄은 더욱 몰랐으니
상처가 아물어 또 다른 그리움을 잉태한다는 걸
늦게야 깨닫는다, 아 바보처럼
파랑을 어깨에 걸고 놀았을 때는 왜 몰랐을까

푸르른 정신

바다를 보니 푸르르고 싶다
하물며 거센 파도의 포말이 되고자까지 하다니
달을 매개 삼아 시간을 좌우하는 바다 앞에서
출퇴근이 일정한 흐름을 따라
수많은 배들을 안거나 떠나보내던 항구같이
끊임없이 밀어내고 있는 푸르른 정신

파랑을 보면 정신없이 흔들리고 싶을 때가 있다
배 밑창에 부딪쳐 더 이상 멍이 들지 않게
파스를 바르고 깁스를 감고 싶지만
바다는 그 속성을 좀처럼 버리지 않는다
바다 앞에 부동자세로 서서
바다가 질식할 때까지 버티어 봤자 허사다

저들은 부드러운 곡선 체질이면서
아랑곳없는 무시로 시퍼런 날을 세운다
저 너머 수평선으로부터 몰래 스며든 푸른 기운이
끝내 포기하지 않는 한

인간이 겪어야 할 질식은 멈추지 않을 것이다

우리 안의 오만한 흔들림이
어찌 저 푸른 정신을 이겨낼 수 있으랴
이 겨울 앞에서는 더욱 푸른 정신의 고삐를 잡아야 해
더욱이 탓할 마음은 내려놓아야 할 거야

영혼을 말하려거든

상상력은 시의 날개다
함부로 시 쓰지 마라
어느 시인이
'풀은 생각 없이 푸르고 생각 없이 자란다'*고 했는데
이것은 수정되어야 한다
영혼은 사람에게만 있는 게 아니다
식물과 동물 모두에게 있다
사람과 마찬가지로 동식물도 주어진 환경에 따라
잘 자라기도 하고 잘못 자라기도 한다
동물도 잘 자란 풀을 좋아하지 안 좋은 풀은 먹지도 않는다
좋은 음악을 들려주었더니 반응이 다르더라는 연구도 있었다
식물 비교 연구에서도 그랬다
두 개의 유리 화분에 식물을 심고
하나에게는 날마다 "사랑해, 예뻐"라고 했고
다른 하나에게는 날마다 "미워, 죽일 거야" 했더니

하나는 무럭무럭 잘 자랐는데, 다른 하나는 시들어 가고 있었다고 한다
생각 없는 것들이 저토록 반응했겠는가
근시안적인 생각은 시를 시들게 한다
자연의 온갖 좋은 것을 끌어와 시를 쓰면서
생명과 영혼에 대해 그렇게 인색해야 하는지 이해하지 못한다

*이병일의 시 「풀과 생각」 중에서

해설

대곡리 벌판을 지키는, 우뚝한 겨울 허수아비 같은 시

김경호(시인)

아직 아무도 방문해 보지 않은 문장의 방문을 문득 / 받는 시인은 얼마나 외로울까, / 문득 차 안에서 / 문득 신호등을 건너다가 / 문득 아침 커피를 마시려 동전을 기계 속으로 밀어 넣다가 // 문장의 방문을 받는 시인은 얼마나 황당할까? // 아주 어린 시절 헤어진 / 연인의 뒷덜미를 좖은 골목에서 본 것처럼 / 화장하는 법을 잊어버린 가난한 연인이 절임 반찬을 파는 / 가게 등불 밑에 서서 / 문득, 그 문장의 방문을 받는 시인은 / 얼마나 아릴까? // 가는 고둥의 살을 빼어 먹다가 / 텅 빈 고둥 껍질 속에서 기어 나오는 / 철근 마디로만 남은 피난민 거주지 / 다시 솟아오르는 폭탄을 보다가 / 문득, 문장의 방문을 받는 시인은 / 얼마나 쓰라릴까, 혹은 // 부드러운 바위를 베고 아이야 잘 자라, 라는 / 노래를 하고 있던 고대 샤

> 먼이 / 통곡의 거리로 들어와 / 부패한 영웅의 사진을 들고 걸어가는 것을 / 보면서 옛 노래를 잊어버린 시인이 / 그 문장의 방문을 받을 때/ 세계는 얼마나 속수무책일까?
>
> —허수경,「문장의 방문」 전문

시인은 이렇게 문득 혹은 난데없이 샤먼이 주술을 읊조리듯 자연의 영감이 주는 문장(시어)을 받아 적어야만 하는 천형을 가진 자는 아닌가. 샘물처럼 솟아나는 시어를 주체하지 못하는 시인은 또 얼마나 외롭고, 행복한가. 여기 짧지 않은 세월 즉, 사반세기를 계간《詩하늘》을 이끌어 온 가우 박창기 시인이 15번째 시집『돌아가는 길』을 상재한다. 지난번 시집『따뜻한 흙터』이후 7년 만에 만나는 반가운 시집이다. 이 시집에서 시인은 완숙기에 접어든 유유자적 전원에서의 생활을 자연스럽게 우리의 귓가를 스치는 산들바람처럼 시를 읊조리고 있다. 어렵게 읽히지 않고 나직한 속삭임처럼 부드럽게 다가오는 서정시, 자연과 합일하여 얻어지는 사색에서 길어 올린 순수한 서정은 박창기 시인 시의 장점이기도 하다.

대구에서 청도군 이서면 대곡리로 이주하여 생활하면서 겪는 소소한 일상들과 사계절 변화하는 산과 들 자연에게 반갑고 감사하게 인사하며 하루를 맞이하고, 부드러운 봄바람 같은, 자연의 손길 같은 시편들은 노년의 여유로움과 절대자를 향한 고백과 더 사랑해야 할 날들의 희망으로 가득 차 있다.

바다는 그 바단데
나만
어제보다
조금 더 늙은 나그네네
내일은
오늘보다
더 늙은 나그네가
오늘보다
더 늙은 바다를
바랑으로 젊어질 수 있을는지
바다는 오늘도
젊은 소리만 내지른다

—「경정에서」 전문

칠순이 넘은 나이에도 시인은 아직도, 태어나고 어린 시절을 보낸 포항 바닷가의 그립고 익숙한 풍경을 그리워하고 있다. 늘 새로운 풍경, 사계절 변하는 풍경을 마주하고 지나온 세월, 나그네처럼 터벅터벅 걸어온 세월이지만 고향 바다의 이미지는 늘 살아서 시인의 가슴에 고여 출렁이고 있다. 그림같이 곱고 푸른 눈이 베일 것 같은 동해 바다 7번 국도를 따라가다 보면 영덕 풍력발전소 부근, 영덕군 축산면에 위치한 작은 빨간 등대가 있고, 방파제와 고운 모래 해수욕장이 있는, 언제나 푸르게 출렁이는 그 바다, 유년을 조개 잡고, 물장구치며 보냈던 포항 송도 바다를 닮은 그 출렁이는 바다, 물결은 변함없는데 어제보다 조금 더 나이 들어 노년에 찾아온 바다를 마주한다. 시인은 더 나이가 들었는데 저 바다는 늙지도 않고 아직 젊은 파도 소리로 출렁이고 있음을 깨닫고 걸어온 길을 뒤돌아보며 나이가 들었음을 실감하고 있는 것이다. "바다는 그 바단데 / 나만 / 어제보다 / 조금 더 늙은 나그네네"라고 나지막이 나그네로 살아왔던 삶을 반추하고 있는 것이다.

한적한 전원에서 살면서도 쉬지 않고 일하는 농부처럼, 노부부의 묵은지 같은 애틋한 정이 듬뿍 담긴 다음의 아름다운 시편을 보자.

이웃 일 도우러 갔던 아내가 무서울까 봐

늦게 오는 가로등 불빛 대신 밤길 마중 나간다

오늘은 예정에 없던 과메기를 깐 덕으로
반주 안주로 안성맞춤이라 여겼는데
촉촉한 꼬리 부분을 잘 먹는다

미용에 좋다고 건강에 좋다고 그리 꼬셨건만
꼬들한 꼬리 부분 외엔 거들떠보지도 않았는데
쌈 싸서 잘 먹는다

허락된 소주 두 잔으로 잉여 과메기를 처리하기엔
그렇고 해서 눈치를 본다
따뜻한 눈빛을 얹어 바라보면 혹여 보시라도 있을까
기대해 보는 것이다

이따금 배려를 받는 날은
불콰한 술맛이 두 배로 늘어난다
아내의 대단한 선심에 나는 그만 흐뭇해서
'나 무엇이 될꼬 허니'라는 시적 풍류로 응답한다

나를 건강하게 오래 살게 하려고 애쓰는 아내의 관심
이승에서 살아 있는 동안만이라도

더 열심히 사랑해야겠다는 마음을 굳힌다
바깥은 하얀 천지, 거실은 따뜻한 관심 천지

—「눈 온 날 저녁」 전문

해마다 겨울철이면 검푸른 동해 바다에서 헤엄치던 꽁치를 갓 잡아 추운 덕장에 말려서 꾸들꾸들해진 과메기를 대구까지 가져와 푸짐하게 직접 껍질을 까고 손질하여 우리 회원들에게도 맛보여 주시던 과메기. 그 이름만 들어도 군침 도는, 예정에 없던 과메기를 까 놓고 이웃 일 도우러 갔다가 밤늦게 돌아오는 아내를 위해 "가로등 불빛 대신"하여 밤길 마중을 가는 시인의 뒷모습은 정겹고 따뜻해 보인다. 건강 탓으로 소주 두 잔으로 늘 아쉬운 술자리를 달래지만 과메기를 까 놓고 기다리는 그 마음을 어찌 아내가 모를까. 기분 좋게 추가로 두어 잔 더 들이켜는 날이면 그 소주 맛과 그 기분은 또 어찌 기쁘지 아니하랴. 달고 단 소주 잔을 들고 시인은 아내를 위해 장사익의 '나 무엇이 될꼬 허니'로 화답하는 시인의 아름다운 저녁 일상이 밀레의 「저녁 종」처럼 숭고해, 그 풍경이 눈에 선하다. 더구나 과메기 부위를 가지고 미용과 건강에 좋다고 강권해 보지만 바람과 달리 꼬리 부위를 좋아하는 아내의 눈치를 살피는 장면은 짧은 동영상을 보는 듯 흐뭇하고 독자들로 하여금 빙그레 미소 짓게 하고 있다.

벼 이삭을 건드리고 나온 바람의 손에
이른 봄에 본 벼 낟알의 숨소리가 얹혀 있다
사람의 입속으로 들어갈 생명의 끈을
줄기차게 키우고 있을 뿌리들과
햇볕의 즐거운 운동이 말하지 않는가
꿈은 아무리 허술해도 버릴 게 없다
봄부터 길게 갈 것을 아는 침묵이야말로
마침내 되돌아올 것을 믿는 희망 때문이다
아무도 벼 낟알에게 변하라고 재촉한 적이 없다
갈 데까지 가야 함을 알기에
가고 있는 지혜를 엿보는 것이다
그 지혜를 엿보러 수없이 이랑을 들락거렸을 바람
바람의 손길 없이 큰 벼 이삭은 하나도 없다
물, 흙, 햇볕도 고맙지만 바람의 덕이 더 크다
오늘도 나는 창밖으로 본다
벼들이 바람과 노는 모습을
집단 군무의 아름다움에 빠져 시간을 잊는다
그런데 벌써 벼 이삭이 패고 가을이 저기 보인다
늘 살아 있다는 것이 시간의 나침판임을 보게 된

—「바람의 군무를 보며」 전문

시인이 사는 집 거실에서 창문으로 바라만 봐도 봄에는 "이른 봄에 본 벼 낟알의 숨소리가 얹혀" 있는 것이 보이고, 여름에는 "줄기차게 키우고 있을 뿌리들과 / 햇볕의 즐거운 운동이" 보이며, 가을에는 누렇게 잘 익은 "벼들이 바람과" 함께 "노는 모습"이 보인다. 창을 통해 사계절의 변화를 감지하며 전원생활을 영위하는 시인의 유유자적함이 눈에 보이는 듯하다. 그러한 바깥 풍경의 변화 속에서 시인은 자연과 함께 어울려 함께 춤추며 사색하고 관조하는, 건강하게 살아 있음에 감사하는 시간을 보내며 시를 쓰고, 아침이면 일어나 자식처럼 텃밭을 다독이고, 잡풀을 쓰다듬고 깨우며 지금 현재를 즐겁게 살고있는 것이다.

사람은 누구나 한 번 왔다가 자연스럽게 온 곳으로 돌아가는 숙명을 지니고 오늘을 영원처럼 살고 있다. 누구나 나이가 들어 가면서 한 번쯤은 어렴풋이 생각하고 고민해 봤을 영원의 세계에 대한 푯말을 미리 쓴 시가 있다.

> 내가 나를 탕진했으니
> 세상이 나를 탕진해도 할 말이 없다
> 부끄럽게 산 것은 지울 수 없다
> 마지막으로 고백할 것은

'!'

궁휼히 여기소서

—「묘비명」 전문

여섯 줄, 53자의 간결한 시편에서 '탕진'이란 재물 따위를 모두 써서 없애는 일이다. 그렇다 우리 인생도 어떻게 살아왔건 인생을 탕진한 이후에는 영원의 세계로 돌아 갈 수밖에 없다. 그 길고 지난했던 한 생애를 돌아보면 어떻게 쓸쓸함과 부끄러움이 없었겠는가. 그렇지만 "내가 나를 탕진했으니"로 시작하여 "긍휼히 여기소서"로 끝을 맺고 있다. 태생부터 가톨릭에 몸담고 살아온 집안의 내력으로 인한 시인의 '묘비명'은 간결하다 못해 신성하고 아름답기까지 하다. 이 시집 도처에서 신앙의 고백 형식으로 읽혀지는 시편들을 대변하는 짧은 잠언 같은 그윽한 시 한 편이다. 아래에 읽히는 시 한 편도 무심히 흘러가는 세월 속에서도 어렴풋이 느껴지는 절대자에 대한 사랑의 고백을 담고 있다.

빛으로 나아가는 모든 것은
고통스러우나 아름답다

세상살이가 그렇고

모든 관계가 그렇다

오늘 아침에 새가 울고
영춘화 한 송이가 피었다

그리운 것들은 멀어만 보였는데
어느새 곁에 와 있었다

—「무관심하던 사이에」 전문

시인의 집 울타리에는 긴 겨울을 보내고 이른 봄 피어나는 작은 꽃, 노란 영춘화를 반갑게 만날 수 있다. 낮고 가늘고 여린 가지로 엄동설한을 견디고 비로소 피어나는 봄꽃. 누가 보아 주지 않아도 그 여린 꽃잎을 피워 올려 존재를 알리고 봄을 맞이하는 꽃. 엄동설한을 몸소 견딘 자만이 만나서 환희에 찬 발견으로 만날 수 있는 봄소식이 마치 절대자에 대한 빛으로 나아가는 걸음걸음에 어느새 저도 모르는 사이, 그 피어남이 곁에 당도해 있는 절대자를 대신하는 환희로 읽혀진다. 또한 아래의 시편도 현재에 감사하며 느끼는 신앙적인 담백하고 진실한 고백이 깃들어 있다.

참 잘 익은 노년이여

결을 내주는 여유로움이여

황홀하여라,
그대는 기다려 줘서 고맙다
그대는 마지막 배려라서 그립다

어느 누구든
이 지점을 비켜 갈 수 없다 하였으니
가기 전에
더 사랑하기를

—「노년」 전문

여기 한 시인이 살아온 지난날들을 돌아보면서 지금의 황금 같은 노년을 관조하면서 "참 잘 익은 노년이여 / 곁을 내주는 여유로움이여"라고 노래하고 있다. 때로는 거칠게, 때로는 부끄럽게 살아왔다 생각되지만 우리가 살아가는 노년이 이 시인의 말처럼 "곁을 내주는 여유로움"을 느끼고 "황홀하여라"라고 외칠 수 있는 삶을 산다면, 그리고 아직도 남은 열정이 있어 "더 사랑하기를" 간구하면서 사는 삶은 얼마나 행복한 일인가.

그립다고 하지만, 신이 아닌 사람이어서
늘 그리 할 수도 없는 일이라, 이따금 나는
그대가 몹시 그립습니다
거실 창을 열었을 때 나락이 거처를 모르는 바람과 놀고 있을 때
나를 생기 있게 하는, 즐겁게 하는, 삶답게 하는, 고마운 저 모습에
그리움은 잉걸불보다 더 깊이 뜨거워집니다
그러면서 이따금, 이러면 안 되는데 이러면 안 되는데
나를 버리기도 합니다, 세상에서 가장 하기 힘든 일인 줄 알면서
그러기를 거듭하면서 세월이 갑니다
지금 나는 논 가장자리에서 바람에 나포되어 있습니다
사람일 때 사람만큼만 사랑하며 살면 좋겠습니다

—「이따금」 전문

이 시에서는 '그대'라는, 혹은 절대자라는 대상에 대하여 간절하고 아름다운 신앙 고백적인 염원을 담담하지만 기쁘게 노래하고 있다. 창을 열면 논밭 가득한 사철 변하는 풍경들을 보면서 "그립다고 하지만, 신이 아닌 사람이어서" 시인은 바람과 함께 바람의 말을 듣고 자연과 함께 대화하며 자신을 낮추고 더 사랑하며 살아 있을 때 더욱 사랑하며 살아

야 할 일만이 사람으로서 해야 할 일이라고 고백하고 있다. 마치 누렇게 익은 벼 이삭을 흔드는 바람을 보며 옷깃을 바람에 날리며 기우뚱 서 있는 허허로운 허수아비 같은 모든 것을 초탈한 모습을 보이고 있다.

이처럼 이번 시집에서 시인은 만년의 여유로움과 전원생활에서 보고 느끼며 바람과 호흡하며 햇볕과 나무와 들판에서 자라는 온갖 곡식과 채소와 들풀과 함께 어울려 춤추고 쓰다듬으며 사색하는 과정에서 조탁해 낸 아름다운 시편들을 묶어 내놓고 독자들의 시선을 기다리고 있다.

분지인 대구에는 겨울에도 좀처럼 눈을 보기 힘들다. 하지만 팔조령 너머 시인이 사는 청도 대곡 마을에는 오늘도 바람은 불고 대구보다 더 춥고 여름에도 비가 더 많이 내린다. 이 글을 쓰는 이 시간에도 대곡리 시인의 집 양지바른 담장 아래에서는 봄까치꽃이 이르게 달려오는 봄을, 시인의 그윽한 눈길을 기다리며 피어나고 있을지 모른다. 서설이 듬뿍 내리면 풍년이 든다고 했던가. 펄펄 내리는 서설을 기다리며 들판에 허허로운 허수아비처럼 우뚝 서서 대곡들을 지키는 시인이, 내년 가을에도 누렇게 익은 알곡들 곁에서 빛으로 나아가며, 흥겹게 춤추며 더 사랑하고, 더 순정한 노래로 우리를 황홀하게 해 줄 것을 믿는다. 동곡 막걸리를 한 박스 들고 모여, 올해도 유등연지 정자에 앉아 글벗들과 연꽃 향기에 취할 코로나 없는 날을 기다린다. 첫눈을 기다리면서, 늘 두근거리는 가슴으로 새해를 맞이하는 시인, 마르지 않는 왕성한 그 시심에 박수를 보내며 오늘도 시린 겨울 들판이지만 따스한 햇볕 아래 청도군 이서면 대곡리 들길을 서성이며 사색하는 시인의 언제나 젊은 뒷모습을 상상해 본다.

지금도, 앞으로도 영원히 누구를 기다리고 있을 시인, 첫눈을 기다리는 시인의 절창을 얹어 이 시집 『돌아가는 길』 읽기를 마무리한다.

이런 날 누군가 올 것만 같아
대문 밖에서 서성인다
멀리서 휘날리며 달려올
옷자락을 볼 수 있을까 눈을 크게 뜨고
저 지평선으로 따뜻한 마음을 보내
두 가닥의 길을 내리
누구나 사랑에 기울어지면
마음 한쪽이 빌 것 같아
두 가닥의 길에서

한쪽 마음이, 빈 마음을 만나면, 그리하여
두 손으로 마주 잡고 같이 간다면
세상의 어떤 기도보다 충만해져서
첫눈은 기꺼이 맨발로 오지 않겠는가
온몸이 설인처럼 하얗게 변한다 해도
이 넘치는 기쁨 주체할 수 없어
누리가 다 녹도록 뜨겁게 구르리
설사 녹이지 못한다 하더라도
이 충만으로 나 혼절해도 좋으리
우주에서 사뿐히 오는 춤사위에
나 혼절해도 좋으리

—「첫눈 오는 날」 전문

시하늘시인선 01

박창기 시집
돌아가는 길

초판 1쇄 발행 2021년 1월 30일

지은이 박창기
펴낸이 이은재
펴낸곳 도서출판 그루

출판등록 1983. 3. 26(제1-61호)
06121 서울특별시 강남구 봉은사로 129, 1210호
42452 대구광역시 남구 큰골 3길 30
TEL 02-358-1161, 053-253-7872 / FAX 053-257-7884
E-mail / guroo@guroo.co.kr

값10,000원
ISBN 978-89-8069-439-6